The Most Common Words In The Quran

Learn Them
To Understand
The Last Revelation of Allah

Abu Ammaar

In the Name of Allah, The Most Merciful,
The Bestower of Mercy.

Introduction

If you master these words you only need to know 2 out of 9 in each line of the Holy Quran (based on statistical averages using a typical Quranic page containing 600 pages, each page having 15 lines). The words in this booklet make up 82.6% (64,282) of the total number of words (approximately 77,800) in the Noble Quran. These words appear very frequently in the Quran. Some of them occur in combination with each other. They make up as much as 41.5% (32,263) of the total number of words.

For each verb, the past tense, imperfect, imperative, active participle and verbal noun are indicated.

The main focus of the book is to make you learn the Words of Quran in an easy and quickest possible way.

community   أُمَّة - أُمَم

people   قَوْم

man   إِنْسَان

men, people   نَاس

male   ذَكَر - ذُكُور

female   أُنْثَى - إِنَاث

slave   عَبْد - عِبَاد

enemy   عَدُوّ - أَعْدَاء

كُفَّار disbelievers

مُجْرِم criminal

مَلَأٌ chiefs, leaders

وَلِيّ - أَوْلِيَاء protecting friend; guardian

أُمّ - أُمَّهَات mother

أَب، أَبَتِ - آبَاء father

زَوْج - أَزْوَاج wife; husband

man	رَجُل - رِجَال
woman	اِمْرَأَة - نِسَاء
child	وَلَد - أَوْلَاد
father	وَالِد - وَالِدَين
descendants; children	ذُرِّيَّة
son	اِبْن
sons pl.	بَنُون، بَنِين، أَبْنَاء

أخ - أَخُو، أَخَا، أَخِي
brother

إِخْوَان brothers

وَجْه - وُجُوه face

عَيْن - أَعْيُن eye;
spring

أَبْصار sights

أَفْوَاه mouths

tongue; language — لِسَان – أَلْسِنَة

heart — قَلْب – قُلُوب

breast — صَدْر – صُدُور

hand — يَد – أَيْدِي

foot — رِجْلٌ – أَرْجُل

soul — نَفْس – أَنْفُس

soul, spirit — رُوح

power, strength — قُوَّة

أَعْمَال actions, deeds, works

حَسَنَة - حَسَنَات good (deed)

سَيِّئَة - سَيِّئَات evil, bad

خَيْر good, better

شَرّ evil, bad, worse

إِثْم sin

ذَنْب - ذُنُوب sin

جُنَاح sin

حَرَام unlawful

اِسْم - أَسْمَاء name

حَدِيث - أَحَادِيث discourse; speech

طَيِّبَة - طَيِّبَات good

آلَاء favors

سُلْطَان authority; warrant

فَضْل grace

مَاء water

مُلْك dominion, reign

نِعْمَة favor

أَجْمَعُون، أَجْمَعِين all

إِذْن permission

بَأْس punishment; power; adversity

جَمِيع all, everybody

سَوَاء same; equal; level; fair

فَرِيق party, group

أَمْر - أُمُور matter; affair

تَقْوَى piety; fear; protection

حَقّ truth, true; right

بَاطِل falsehood

حِكْمَة wisdom

حَمْد praise

دِين religion; law; judgement

زَكَاة poor-due, charity

شَهِيد - شُهَدَاء witness, present

صَلَاة prayer

مُبِين	clear, self-expressive
نُور	light
أَحَد – إِحْدَى	one
إِله – آلِهَة	god; deity
شَرِيك – شُرَكَاء	partner, associate
شَهَادَة	witness
عَرْش	throne

عَهْد unseen, hidden

غَيْب unseen

كِتَاب - كُتُب book

كَلِمَة word

مَلَك - مَلَائِكَة angel

مِيثَاق covenant, treaty

وَاحِد - وَاحِدَة one

صَاحِب - أَصْحَاب companion, fellow

عَاقِبَة end

عَذَاب torment

عِقَاب chastisement (as a result of sin)

قِيَامَة Resurrection

لِقَاء meeting

مُسَمَّى fixed

نَار fire

نَهَر - أَنْهَار river

وَيْل woe unto …

أَيَّام – يَوْم day

يَوْمَئِذٍ that day

أَبَدًا forever; ever

أَجُور – أَجْر reward

أَجَل term

الْآخِرَة the Hereafter

أَلِيم painful

ثَوَاب reward

جَحِيم hellfire

جَزَاء reward

جَنَّة - جَنَّات garden

جَهَنَّم the Hell

حِسَاب reckoning

سَاعَة hour (day of resurrection)

رَسُول - رُسُل
Messenger

نَبِيّ - نَبِيُّون، نَبِيِّين، أَنْبِيَاء
Prophet

آدَمProphet Adam
(peace be upon him)

إِبْرَاهِيم Prophet
Abraham (peace be
upon him)

إِسْحَاق Prophet Issac (peace be upon him)

نُوح Prophet Noah (peace be upon him)

لُوط Prophet Lot (peace be upon him)

إِسْمَاعِيل Prophet Ishmael (peace be upon him)

Prophet يَعْقُوب – إِسْرَائِيل Jacob (peace be upon him)

شُعَيْبProphet Shoaib (peace be upon him)

يُوسُفProphet Joseph (peace be upon him)

مُوسَى Prophet Moses (peace be upon him)

Prophet Salih صَالِح
(peace be upon him)

Prophet Hud هُود
(peace be upon him)

Jesus, son عِيسَى ابنُ مَرْيَمَ
of Mary

Satan شَيْطَان - شَيَاطِين

Pharaoh فِرْعَوْن

People of Hud عَاد
(peace be upon him)

ثَمُود People of Salih (peace be upon him)

آيَة – آيَات sign

بَيِّنَة – بَيِّنَات evidence

قُرآن Qur'an; reading, recitation

أَنْعَام cattle

جَبَل – جِبَال mountain

بَحْر sea; large river

شَمْس sun

قَمَر moon

لَيْل night

نَهَار day

أَرْض earth

سَمَاء – سَمَاوات sky

أَشَدّ most severe

أَعْلَى higher, superior

أَعْلَم better-knowing, more informed

أَقْرَب nearer

أَكْبَر bigger

أَكْثَر more; most

أَحْسَن better

أَحَقّ more entitled; more worthy

أَدْنَى nearer; more likely; lower; less

أَظْلَم more unjust

أَهْدَى better guided

أَوْلَى nearer, closer; woe

شَدِيد severe; strong

عَلِيّ high, exalted

عَلِيم knower

قَرِيب near

كَبِير - كَبِيرَة big

كَثِير - كَثِيرَة plenty; much

سَرِيع quick; swift; fast

رَحِيم merciful

عَظِيم supreme

قَلِيل - قَلِيلَة little

كَرِيم noble; honorable; generous

لَطِيف subtle

خَبِير knowing, ever aware

رَبّ Lord; Sustainer

رَحْمن Compassionate

سَلَام peace

سَمِيع one who listens

شَكُور grateful

عَزِيز mighty

غَفُور most forgiving

قَدِير All-powerful

نَذِير warner

نَصِير strong helper

وَكِيل one who takes care of a thing for another

first	أَوَّل - أُولَى
last	آخِر - آخِرَة
other	آخَر - أُخْرَى
trustworthy	أَمِين
one who sees clearly	بَصِير
far	بَعِيد
most forgiving	تَوَّاب
protector	حَفِيظ

حَكِيم wise

حَلِيم forbearing

حَمِيد praiseworthy

حَمِيم warm (friend); boiling water

(فعل + قَدْ) has (with مَاضِي); surely (with مضارع)

will (for near future) (سَ) + (فعل)

will (for future) (سَوْفَ) + (فعل)

will surely نَّ + (فعل) + لَ

indeed (لَقَدْ) + (فعل)

indeed, surely لَ

(اَمْر) – لُ، (الِ، ال) let somebody do (imperative)

الُ the

اَمْ or?

اَوْ or

بَعْض some of

كُلّ everyone; all

إِنَّ verily, truly

أَنَّ that

كَأَنَّ as if

لكِنَّ - لكِنْ but, however

لَعَلَّ perhaps, may be

أَنْ that

إِنْ if

إِيَّا alone

عَسَى possibly

when لَمَّا

if لَوُ

O! يَا، يَاأَيُّهَا

endowed ذُو، ذَا، ذِي
with; owner of

endowed with; ذَات
owner of

people of; أُوْلُواْ، أُوْلِي
owners of

أَهْل people of; relatives

آل family, relatives, people

أَلَا lo!; do not?, will not?

نِعْمَ what an excellent ...

بِئْسَ what an evil ...

بِئْسَمَا evil is that which

مِثْل   something similar

مَثَل - أَمْثَال   similitude

(مِمَّنْ - (مِنْ+مَنْ   than

the one who; from those who

قَبْلَ   before

بَعْد   after

حِين   time, period; at the time of

إِذْ when (for past tense)

إِذَا when (for future tense)

ثُمَّ then

فَ then, thus, therefore

بَلْ nay, -- rather, but, however

عِنْدَ، لَدَى، لَدُنْ near, with

nothing --- but إِنْ ... إِلَّا

nothing --- but مَا... إِلَّا

that..not; so (أَنْ+لَا) - (أَلَّا)

as not to

because بِمَا with what;

about what عَمَّا

in what فِيمَا

as, just as كَمَا

لِمَا	for what; for that which
مِمَّا	out of what
أَمَّا	as to, as for
إِمَّا	if; either / or
أَنَّمَا	that
إِنَّمَا	verily; is but
كَأَنَّمَا	as if
كُلَّمَا	whenever

بِ with, in, from,...

عَنْ about

فِي in

كَ as, like

لِ، لَ for

مِنْ from

إِلَى towards

تَ by (of oath)

حَتَّى until

عَلَى on

مَعَ with

وَ and; by (of oath)

فَوْق above, up

تَحْت under

بَيْنَ أَيْدَي، بَيْنَ يَدَيْ in front of

خَلْف back, after

أَمَام	in front of
وَرَاء	behind
يَمِيْن – أَيْمَان	right; oath
شِمَال – شَمَائِل	left
بَيْن	between
حَوْل	around
حَيْثُ	wherever
أَيْنَمَا	wherever

مَا what, that which, not

مَنْ who?, the one who

مَتى when?, the time when

أَيْنَ where?

كَيْفَ how?

كَمْ how many?

أَيُّ which?

أَنَّى wherefrom?, why?

هَل، أَ Is? Am? Are?

Do? Have?

مَاذَا what?

لِمَ، لِمَاذَا why?

لَوْلَا if not; why not

(اسم) + "ه" his

(اسم) + هُمْ their

(اسم) + كَ your

your (كُمْ + اسم)

me(نِي - ي) + اسم)

my

us (/ نَا) + اسم)

her (هَا) + اسم)

their (هُنَّ+) اسم)

your (كِ) + اسم)

their (هَا) + اسم)

their (هُمَا) + اسم)

your (اسم) + كُمَا)

he هُوَ

them هُمْ

you أَنْتَ

you all أَنْتُمْ

I / أَنَا /

we / نَحْنُ /

she هِيَ

هُنَّ they

أَنْتِ you

هِيَ they

هُمَا those two

أَنْتُمَا you two

هَذَا this

ذَالِكَ that

هَذِهِ this

تِلْكَ that

هؤُلَاءِ / these

أُولئِكَ / those

الَّذِي he who

الَّتِي she who

الَّذِينَ those who

هذِهِ – these

تِلْكَ – those

those who الَّتِي -

no لَا

never, certainly not كَلَّا

not (for future tense) لَنْ

not (for past tense) لَمْ

not لَيْسَ - لَيْسَتْ

yes, indeed بَلَى

not, other than غَيْر

دُونَ besides; less than

إِلَّا except; unless; if not

نَعَمْ yes

يَفْعَلُ ; فَعَلَ to do | فَعَلَ

فِعْل ; فَاعِل ; اِفْعَلْ ;

فَتَحَ to open, to give

victory | فَتَحَ ; يَفْتَحُ ;

فَتْح ; فَاتِح ; اِفْتَحْ

بَعَثَ to raise; to resurrect | بَعَثَ ; يَبْعَثُ ; بَعْث ; بَاعِث ; اِبْعَثْ ;

جَعَلَ to make, to place, to set up | جَعَلَ ; يَجْعَلُ ; جَعْل ; جَاعِل ; اِجْعَلْ ;

جَمَعَ to gather, to collect | جَمَعَ ; يَجْمَعُ ; جَمْع ; جَامِع ; اِجْمَعْ

ذَهَبَ to go | ذَهَبَ ; ذَاهِب ; اِذْهَبْ ; يَذْهَبُ ; ذِهَاب

رَفَعَ to raise | رَفَعَ ; رَفْع ; رَافِع ; اِرْفَعْ ; يَرْفَعُ

سَحَرَ to enchant, to bewitch | سَحَرَ ; يَسْحَرُ ; سِحْر ; سَاحِر ; اِسْحَرْ

صَلَحَ to act righteously | صَلَحَ ; يَصْلَحُ ; إِصْلَحْ ; مَصْلَحَة ; صَالِح

لَعَنَ to curse | لَعَنَ ; لَعْن ; لَاعِن ; اِلْعَنْ ; يَلْعَنُ

نَفَعَ   to profit | نَفَعَ ;

يَنْفَعُ ; اِنْفَعْ ; نَافِع ; نَفْع ;

نَصَرَ   to help; to deliver

نَصَرَ ; يَنْصُرُ ; أُنْصُرْ ; نَاصِر |

نَصْر ;

بَلَغَ to reach | بَلَغَ ; يَبْلُغُ

أَبْلُغْ ; بَالِغ ; بُلُوغ ;

تَرَكَ   to leave | تَرَكَ ; تَرْك

يَتْرُكُ ; أُتْرُكْ ; تَارِك ; تَرْك

حَشَرَ to gather; to

bring together | حَشَرَ ;

يَحْشُرُ ; أُحْشُرْ ; حَاشِر ;

حَشْر

to judge; to rule | حَكَمَ

حَكَمَ ; يَحْكُمُ ; أُحْكُمْ ;

حَاكِم ; حُكْم

to come out | خَرَجَ

خَرَجَ ; يَخْرُجُ ; أُخْرُجْ ;

خَارِج ; خُرُوج

خَلَدَ to live forever |

; خَالِد ; اُخْلُدُ ; يَخْلُدُ ; خَلَدَ

خُلُود

خَلَقَ to create out of

nothing | خَلَقَ ; خَلَقَ ; يَخْلُقُ ;

خَلَق ; خَالِق ; اُخْلُقُ

دَخَلَ to enter | دَخَلَ ;

يَدْخُلُ ; أُدْخُلْ ; دَاخِل ;

دُخُول

ذَكَرَ to remember |

ذَكَرَ ; يَذْكُرُ ; أُذْكُرْ ; ذَاكِر ;

ذِكْر

رَزَقَ to provide | رَزَقَ ;

يَرْزُقُ ; أُرْزُقْ ; رَازِق ; رِزْق

سَجَدَ to prostrate |

; اُسْجُدْ ; يَسْجُدُ ; سَجَدَ

سُجُود ; سَاجِد

شَعَرَ to perceive | شَعَرَ

; شَاعِر ; اُشْعُرْ ; يَشْعُرُ ;

شُعُور

شَكَرَ to be grateful | شَاكِر ؛ أُشْكُرْ ؛ يَشْكُرُ ؛ شَكَرَ ؛ شُكْر ؛

صَدَقَ to be true; to say the truth | صَدَقَ ؛ صَادِق ؛ أُصْدُقْ ؛ يَصْدُقُ ؛ صِدْق

عَبَدَ to worship; to serve | عَبَدَ ; يَعْبُدُ ; عِبَادَة ; عَابِد ; أَعْبُدْ

فَسَقَ to transgress | فَسَقَ ; يَفْسُقُ ; أُفْسُقْ ; فِسْق، فُسُوق ; فَاسِق

قَتَل   to kill; to slay |

قَتَلَ ; يَقْتُلُ ; أُقْتُلُ ; قَاتِل ;

قَتْل

قَعَدَ   to sit; to remain

behind | قَعَدَ ; قَعَدَ ; يَقْعُدُ ;

قُعُود ; قَاعِد ; أُقْعُدْ

كَتَبَ to prescribe; to write | كَتَبَ ; يَكْتُبُ ; كِتَابَة ; كَاتِب ; اُكْتُبْ

كَفَرَ to disbelieve; to be ungrateful | كَفَرَ ; كُفْر ; كَافِر ; اُكْفُرْ ; يَكْفُرُ

مَكَرَ to plot | مَكَرَ ; مَكْر ; مَاكِر ; اُمْكُرْ ; يَمْكُرُ

نَظَرَ | to look; to wait

نَظَرَ ; يَنْظُرُ ; اُنْظُرْ ; نَاظِر ;

نَظَر

ضَرَبَ | to strike ; ضَرَبَ ;

يَضْرِبُ ; اِضْرِبْ ; ضَارِب ;

ضَرْب

حَمَلَ to carry; to bear | حَمْل ; يَحْمِلُ ; اِحْمِلْ ; حَامِلْ ;

صَبَرَ to bear with patience | صَبَرَ ; يَصْبِرُ ; اِصْبِرْ ; صَابِرْ ; صَبْرْ ;

ظَلَمَ to wrong | ظَلَمَ ; يَظْلِمُ ; اِظْلِمْ ; ظَالِمْ ; ظُلْمْ ;

عَرَفَ to recognize |
عَرَفَ ; يَعْرِفُ ; اِعْرِفْ ;
عَارِف ; مَعْرِفَة

عَقَلَ to understand; to
comprehend | عَقَلَ ;
يَعْقِلُ ; اِعْقِلْ ; عَاقِل ; عَقْل

غَفَرَ to forgive; to cover | غَفَرَ؛ يَغْفِرُ؛ اِغْفِرْ؛ مَغْفِرَة؛ غَافِر؛

قَدَرَ to decree; to have power; .. | قَدَرَ؛ قَدَرَ؛ يَقْدِرُ؛ قَدْر،قُدْرَة؛ قَادِر؛ اِقْدِرْ

; كَذَبَ to lie | كَذَبَ

; كَاذِب ; اِكْذِبْ ; يَكْذِبُ

كَذِب

; كَسَبَ to earn | كَسَبَ

; كَاسِب ; اِكْسِبْ ; يَكْسِبُ

كَسْب

مَلَكَ to possess | مَلَكَ

; مِلْك ; مَالِك ; اِمْلِكْ ; يَمْلِكُ

سَمِعَ ; | to hear سَمِعَ

سَمَاعَة ; يَسْمَعُ ; اِسْمَعْ ; سَامِعٌ ;

حَزِنَ to be grieved | حَزَنَ

حُزْن ; حَزِنَ ; يَحْزَنُ ; اِحْزَنْ ; حَازِن

حَسَبَto think; to

حَسِبَ | consider ; حَسَبَ ;

حَسَب ; خَاسِب ; اِحْسَسْ ; يَحْسَسُ

to guard; to protect حَفِظَ ; يَحْفَظُ ; حِفْظ ; حَافِظ ; اِحْفَظْ

to lose خَسِرَ ; خَسِرَ ; خَاسِر ; اِخْسَرْ ; يَخْسَرُ ; خُسُر

رَحِمَ to have mercy on someone | رَحِمَ ; يَرْحَمُ ;
اِرْحَمْ ; رَاحِم ; رَحْمَة

شَهِدَ to bear witness; to be present | شَهِدَ ;
يَشْهَدُ ; اِشْهَدْ ; شَاهِد ; شُهُود

عَلِمَ to know | عَلِمَ ;
يَعْلَمُ ; اِعْلَمْ ; عَالِم ; عِلْم

عَمِلَ to work; to do |
عَمِلَ ; يَعْمَلُ ; اِعْمَلْ ; عَامِل ;
عَمَل ;

كَرِهَ to dislike; to
detest | كَرِهَ ; يَكْرَهُ ;
اِكْرَهْ ; كَارِه ; كُرْه

بَصَرَ | to watch; to see

بَصَرَ؛ يَبْصُرُ؛ أُبْصُرْ؛ بَاصِر؛
بَصَرَ؛

حَيَّ | to live; to greet

حَيَّ؛ يَحْيَا؛ اِحْيَ؛ حَيَّ؛ حَيَاة؛

رَدَّ to give back; to
return | رَدَّ؛ يَرُدُّ؛ اُرْدُدْ؛
رَادّ؛ رَدّ؛

صَدَّ to turn away; to hinder | ؛ يَصُدُّ ؛ صَدَّ ؛ صَدَّ ؛ صَادَّ ؛ أُصْدُدْ

ضَرَّ to hurt; to harm | ؛ ضَارَّ ؛ أُضْرُرْ ؛ يَضُرُّ ؛ ضَرَّ ؛ ضَرَّ

ضَلَّ to go astray; to err; to waste | ؛ ضَلَّ

يَضِلُّ ; اِضْلِلْ ; ضَالّ ;

ضَلَالَة، ضَلَال

ظَنَّ   to think; to

believe | ظَنَّ ; ظَنَّ ; يَظُنُّ ;

ظَنّ ; ظَانّ ; اُظْنُنْ

عَدَّ to count | عَدَّ ; يَعُدُّ ;

عَدّ ; عَادّ ; اُعْدُدْ

غَرَّ to beguile | غَرَّ ; يَغِرُّ ;
غُرُور ; غَارّ ; اِغْرِرْ ;

مَدَّ to spread out; to
stretch | مَدَّ ; يَمُدُّ ; اُمْدُدْ ;
مَدّ ; مَادّ ;

مَسَّ to touch | مَسَّ ; مَسّ ;
مَسّ ; مَاسّ ; اِمْسَسْ ; يَمَسُّ

وَدَّ to love; to wish | وَدَّ
وُدّ ؛ وَادّ ؛ اِوْدَدْ ؛ يَوَدُّ ؛

وَذَرَ to leave behind |
وَذْر ؛ وَاذِر ؛ ذَرْ ؛ يَذَرُ ؛ وَذَرَ

وَضَعَ to put; to set |
؛ وَاضِع ؛ ضَعْ ؛ يَضَعُ ؛ وَضَعَ
وُضْع

وَقَع to befall | وَقَعَ ; وُقُوع ; وَاقِع ; قَعْ ; يَقَعُ

وَهَب to grant | وَهَبَ ; وَهْب ; وَاهِب ; هَبْ ; يَهَبُ

وَجَد to find | وَجَدَ ; يَجِدُ ; وُجُود ; وَاجِد ; جِدْ ;

وَرِث to inherit | وَرِثَ ; وَرَاثَة ; وَارِث ; رِث ; يَرِثُ

وَزَرَ | to bear a load

وَزَرَ ؛ يَزِرُ ؛ زِرْ ؛ وَازِر ؛ وِزْر ؛

وَصَفَto describe; to

ascribe | وَصَفَ ؛ يَصِفُ ؛

صِفْ ؛ وَاصِف ؛ وَصْف ؛

وَعَدَ to promise | وَعَدَ

؛ يَعِدُ ؛ عِدْ ؛ وَاعِد ؛ وَعْد ؛

وَقَى to protect; to save | وَقَى ; يَقِي ; قِ ; وَاق ; وِقَايَة

وَسِعَ to embrace; to comprehend | وَسِعَ ; سَعَة ; وَاسِع ; اِيْسَعْ ; يَوْسَعُ

تَابَ to repent | تَابَ ; تَوْبَة ; تَائِب ; تُبْ ; يَتُوبُ

ذَاقَ   to taste | ذَاقَ ;
يَذُوقُ ; ذُقْ ; ذَائِق ; ذَوْق ;

فَازَto succeed; to gain
victory | فَازَ ; يَفُوزُ ; فُزْ ;
فَائِز ; فُوْز ;

قَالَ   to say | قَالَ ; يَقُولُ ;
قُلْ ; قَائِل ; قَوْل ;

قَامَ to stand up; to raise

قَامَ ؛ يَقُومُ ؛ قُمْ ؛ قَائِم ؛
قِيَام، قَوْمَة

كَانَ to be | كَانَ ؛ يَكُونُ
؛ كُنْ ؛ كَائِن ؛ كَوْن

مَاتَ to die | مَاتَ
؛ يَمُوتُ ؛ مُتْ ؛ مَائِت ؛ مَوْت

خَافَ to be afraid |

خَائِف ; خِفْ ; يَخَافُ ; خَافَ

خَوْف ;

كَادَ to become nigh;

كَادَ | to be close to ;

كَوْد ; كَائِد ; كِدْ ; يَكَادُ

كَادَ   to plot against |

; كَائِد ; كِدْ ; يَكِيدُ ; كَادَ

كَيْد

; زَادَ to increase | زَادَ

زِيَادَة ; زَائِد ; زِدْ ; يَزِيدُ

; يَتْلُو to recite | تَلَا ; يَتْلُو

تِلَاوَة ; تَالٍ ; اُتْلُ

دَعَا   to call; to pray |
دُعَاء ; دَاعٍ ; أُدْعُ ; يَدْعُو ; دَعَا ;

عَفَا   to forgo | عَفَا ;
عَفْو ; عَافٍ ; أُعْفُ ; يَعْفُو

بَغَى   to want, to seek |
بَغْي ; بَاغٍ ; اِبْغِ ; يَبْغِي ; بَغَى

جَرَى to flow | جَرَى ;
يَجْرِي ; اِجْرِ ; جَارٍ ; جَرَيَان ;

جَزَى to reward | جَزَى
يَجْزِي ; اِجْزِ ; جَازٍ ; جَزَاء ;

قَضَى to decree; to fulfil
قَضَى | يَقْضِي ; اِقْضِ ; قَاضٍ
قَضَاء ;

كَفَى to suffice | كَفَى ;
يَكْفِي ; اُكْفِ ; كَافٍ ; كِفَايَة

هَدَى to guide; to
direct | هَدَى ; يَهْدِي ;
اِهْدِ ; هَادٍ ; هَدْى

خَشِيَ to fear | خَشِيَ ;
يَخْشَى ; اِخْشَ ; خَاشٍ ;
خَشِيَّة

رَضِيَ to be satisfied, to be content | رَضِيَ ; رَاضٍ ; اِرْضَ ; يَرْضَى ; رِضْوَان

نَسِيَ to forget | نَسِيَ ; نَسِيَ ; نِسْيَان ; نَاسٍ ; اِنْسَ ; يَنْسَى

سَأَلَ to ask | سَأَلَ ;
سَائِل ; سَلْ اِسْئَلْ ; يَسْأَلُ ;
سُؤَال

قَرَأَ to read; to recite |
قِرَاءَة ; قَارِئ ; اِقْرَأْ ; يَقْرَأُ ; قَرَأَ

أَخَذَ to take; to catch |
آخِذ ; خُذْ ; يَأْخُذُ ; أَخَذَ ;
أَخْذ

أَكَلَ | to eat ; أَكَلَ ؛ يَأْكُلُ ؛
كُلْ ؛ آكِل ؛ آكُل ؛ أَكْل

أَمَرَ | to command ؛ أَمَرَ ؛ يَأْمُرُ ؛ مُرْ ؛ آمِر ؛ أَمْر

أَمِنَ to be safe; to feel safe; to trust | أَمِنَ ؛ أَمِنَ ؛
يَأْمَنُ ؛ ائْمَنْ ؛ آمِن ؛ أَمْن

أَبَى ; أَبَى ; يَأْبَى | to refuse
إِبَاء ; آبٍ ; اِئْبَ

رَأَى   to see | رَأَى ; يَرَى
رَ ; رَاءٍ ; رَأْيٌ

أَتَى to come | أَتَى ; يَأْتِي
اِئْتِ ; آتٍ ; إِتْيَان

شَاءَ   to will, to wish | شَاءَ ؛ يَشَاءُ ؛ شَأُ ؛ شَاءٍ ؛

مَشِيئَة

سَاءَ   to be evil | سَاءَ ؛ يَسُوءُ ؛ سُؤُ ؛ سَاوِئ ؛ سَوْءُ

جَاءَ   to come | جَاءَ ؛ يَجِيءُ ؛ جِئُ ؛ جَاءٍ ؛ مَجِيء

بَدَّلَ to change | بَدَّلَ ;
يُبَدِّلُ ; بَدَّلُ ; مُبَدِّل ; تَبْدِيْل

بَشَّرَ to give good
news | بَشَّرَ ; يُبَشِّرُ ; بَشَّرْ ;
تَبْشِيْر ; مُبَشِّر

بَيَّنَ to make clear |
بَيَّنَ ; يُبَيِّنُ ; بَيَّنْ ; مُبَيِّن ;
تَبْيِيْن

زَيَّنَ to adorn / make something, to seem fair | زَيَّنَ ; يُزَيِّنُ ; زَيِّنْ ; تَزْيِين ; مُزَيِّن

سَبَّحَ to glorify; to praise | سَبَّحَ ; يُسَبِّحُ ; سَبِّحْ ; تَسْبِيح ; مُسَبِّح ; سَبِّح

سَخَّرَ to bring under control | سَخَّرَ ; يُسَخِّرُ ; تَسْخِير ; مُسَخِّر ; سَخَّرْ ;

صَدَّقَ to pronounce somebody or something to be true | صَدَّقَ ; يُصَدِّقُ ; صَدَّقْ ; تَصْدِيْق ; مُصَدَّق ;

عَذَّبَ to punish; to torment | يُعَذِّبُ ؛ عَذَّبَ ؛ عَذَّبْ ؛ مُعَذِّب ؛ تَعْذِيْب

عَلَّمَ to teach | عَلَّمَ ؛ يُعَلِّمُ ؛ عَلِّمْ ؛ مُعَلِّم ؛ تَعْلِيْم

قَدَّمَ to send forward | قَدَّمَ ؛ يُقَدِّمُ ؛ قَدِّمْ ؛ مُقَدِّم ؛ تَقْدِيْم

كَذَّبَ to accuse somebody or something of falsehood | كَذَّبَ ; يُكَذِّبُ ; كَذَّبْ ; مُكَذِّب ; تَكْذِيب

نَبَّأَ to declare; to apprise | نَبَّأَ ; يُنَبِّئُ ; نَبِّئْ ; مُنَبِّئْ ; تَنْبِئَة ;

نَزَّلَ | to send down
نَزَّلَ ; يُنَزَّلُ ; نَزِّلْ ; مُنَزَّل ;
تَنْزِيْل

نَجَّى | to deliver; to rescue
نَجَّى ; يُنَجِّي ; نَجِّ ;
تَنْجِيَة ; مُنَجِّي

وَلَّى | to turn
وَلَّى ; يُوَلِّي
تَوْلِيَة ; مُوَلِّي ; وَلِّ ;

جَاهَدَ to struggle; to strive | جَاهَدَ ؛ يُجَاهِدُ ؛ جَاهِدْ ؛ مُجَاهِد ؛ مُجَاهَدة

قَاتَلَ to fight | قَاتَلَ ؛ يُقَاتِلُ ؛ قَاتِلْ ؛ مُقَاتِل ؛ مُقَاتَلَة

نَادَى to call out; to cry unto | نَادَى ؛ يُنَادِي ؛ نَادِ ؛ نِدَاء، مُنَادَاة مُنَادٍ

نَافَقَ to play hypocrisy

نَافَقَ ; يُنَافِقُ ; نَافِقْ ; مُنَافِقٍ |
مُنَافَقَة ;

هَاجَرَ to migrate | هَاجَرَ
; يُهَاجِرُ ; هَاجِرْ ; مُهَاجِرْ ;
مُهَاجَرَة

أَبْصَرَ to see; to watch | مُبْصِر ; أَبْصِرْ ; يُبْصِرُ ; أَبْصَرَ إِبْصَار

أَحْسَنَ to do good; to do excellently | أَحْسَنَ ; مُحْسِن ; أَحْسِنْ ; يُحْسِنُ إِحْسَان

أَخْرَجَ to bring forth |
مُخْرِج ؛ أَخْرِجْ ؛ يُخْرِجُ ؛ أَخْرَجَ
؛ إِخْرَاج

أَدْخَلَ to make

somebody or

something enter |
أَدْخَلَ ؛ يُدْخِلُ ؛ أَدْخِلْ ؛

إِدْخَال ؛ مُدْخِل

أَرْجَعَ to send back; to take back | أَرْجَعَ ؛ يُرْجِعُ ؛ إِرْجَاع ؛ مُرْجِع ؛ أَرْجِعْ ؛

أَرْسَلَ to send | أَرْسَلَ ؛ إِرْسَال ؛ مُرْسِل ؛ أَرْسِل ؛ يُرْسِلُ

أَسْرَفَ to exceed; to be extravagant | أَسْرَفَ ؛

; يُسْرِفُ ; أَسْرَفَ ; مُسْرِف ;
إِسْرَاف

أَسْلَمَ to submit; to
surrender | أَسْلَمَ ; يُسْلِمُ ;
أَسْلِمْ ; مُسْلِم ; إِسْلَام

أَشْرَكَ to ascribe a
partner | أَشْرَكَ ; يُشْرِكُ ;
أَشْرِكْ ; مُشْرِك ; إِشْرَاك

أَصْبَحَ to become | أَصْبَحَ

; مُصْبِحٌ ; أَصْبِحْ ; يُصْبِحُ ;
إِصْبَاح

أَصْلَحَ to become good;
to make good | أَصْلَحَ ;

; مُصْلِحٌ ; أَصْلِحْ ; يُصْلِحُ ;
إِصْلَاح

أَعْرَضَ   to turn away;

to backslide | أَعْرَضَ ;

; مُعْرِض ; أَعْرِض ; يُعْرِض

إِعْرَاض

أَغْرَقَ   to drown | أَغْرَقَ

; مُغْرِق ; أَغْرِق ; يُغْرِق ;

إِغْرَاق

أَفْسَدَ to spread

corruption | أَفْسَدَ ;

يُفْسِدُ ; أَفْسِدْ ; مُفْسِد ; إِفْسَاد

أَفْلَحَ to be successful |

أَفْلَحَ ; يُفْلِحُ ; أَفْلِحْ ; مُفْلِح ;

إِفْلَاح

أَنْبَتَ to make

something grow; to

cause to grow | أَنْبَتَ ;

مُنْبِتٌ ; أَنْبِتْ ; يُنْبِتُ ;
إِنْبات

أَنْذَرَ to warn | أَنْذَرَ ;
يُنْذِرُ ; أَنْذِرْ ; مُنْذِرٌ ; إِنْذار

أَنْزَلَ to send down; to
reveal | أَنْزَلَ ; يُنْزِلُ ;
أَنْزِلْ ; مُنْزِل ; إِنْزال

أَنْشَأَ to produce/
create; to make

something grow | أَنْشَأَ
؛ مُنْشِئ ؛ أَنْشِئْ ؛ يُنْشِئُ ؛
إِنْشَاء

أَنْعَمَ to favor; to
bestow grace | أَنْعَمَ ؛
إِنْعَام ؛ مُنْعِم ؛ أَنْعِمْ ؛ يُنْعِمُ

أَنْفَقَ to spend | أَنْفَقَ ؛
إِنْفَاق ؛ مُنْفِق ؛ أَنْفِقْ ؛ يُنْفِقُ

أَنْكَرَ to not recognize;
to deny | أَنْكَرَ؛ يُنْكِرُ؛

إِنْكَار؛ مُنْكِر؛ أَنْكِرْ؛

أَهْلَكَ to destroy | أَهْلَكَ

؛ يُهْلِك؛ أَهْلِك؛ مُهْلِك؛

إِهْلَاك

أَتَمَّ to complete | أَتَمَّ؛

إِتْمَام؛ مُتِمّ؛ أَتْمِم؛ يُتِمُّ

أَحَبَّ to love | أَحْبَبْ ؛
يُحِبُّ ؛ أَحْبِبْ ؛ مُحِبٌّ ؛ إِحْبَاب

أَحَلَّ to make lawful;
to cause to dwell |
أَحَلَّ ؛ يُحِلُّ ؛ أَحْلِلْ ؛ مُحِلٌّ ؛
إِحْلَال

أَسَرَّ to conceal; to
speak secretly | أَسَرَّ ؛
يُسِرُّ ؛ أَسْرِرْ ؛ مُسِرٌّ ؛ إِسْرَار

أَضَلَّ to leave in error; to send astray | أَضَلَّ ; يُضِلُّ ; أَضْلِلْ ; مُضِلٌّ ; إِضْلَال

أَعَدَّ to prepare; to make something ready | أَعَدَّ ; يُعِدُّ ; أَعْدِدْ ; مُعِدٌّ ; إِعْدَاد

أَذَاقَ   to make
somebody taste | أَذَاقَ

إِذَاقَة ؛ مُذِيق ؛ أَذِقْ ؛ يُذِيقُ ؛

أَرَادَ   to intend; to wish

؛ مُرِيد ؛ أَرِدْ ؛ يُرِيدُ ؛ أَرَادَ |

إِرَادَة

أَصَابَ to befall; to inflict | أَصَابَ ; يُصِيبُ ; إِصَابَة ; مُصِيب ; أَصِبْ

أَطَاعَ to obey | أَطَاعَ ; أَطَاعَ ; يُطِيعُ ; أَطِعْ ; مُطِيع ; إِطَاعَة

أَقَامَ to establish; to set upright | أَقَامَ ; يُقِيمُ ; إِقَامَة ; مُقِيم ; أَقِمْ ;

أَمَاتَ to cause someone

to die | أَمَاتَ ; يُمِيتُ ;

أَمِتْ ; مُمِيت ; إِمَاتَة

أَحْيَا to give life | أَحْيَا

إِحْيَاء ; مُحْيٍ ; أَحْيِ ; يُحْيِي ;

أَخْفَى to conceal | أَخْفَى

; مُخْفٍ ; أَخْفِ ; يُخْفِي ;

إِخْفَاء

أَرَى   to show | أَرَى ;

يُرِي ؛ أَرِ ؛ مُرٍ ؛ إِرَاءَة

أَغْنَى   to enrich | أَغْنَى ؛

يُغْنِي ؛ أَغْنِ ؛ مُغْنٍ ؛ إِغْنَاء

أَلْقَى   to throw; to cast;

يُلْقِي ؛ أَلْقَى | to place ؛

أَلْقِ ؛ مُلْقٍ ؛ إِلْقَاء

أَنْجَى to rescue; to save; to deliver | أَنْجَى ؛ يُنْجِي ؛ أَنْجِ ؛ مُنْجٍ ؛ إِنْجَاء ؛

أَوْحَى to reveal; to inspire | أَوْحَى ؛ يُوحِي ؛ أَوْحِ ؛ مُوحٍ ؛ إِيحَاء ؛

أَوْفَى to fulfil | أَوْفَى ؛ يُوفِي ؛ أَوْفِ ؛ مُوفٍ ؛ إِيفَاء ؛

آمَنَ   to believe | آمَنَ ;
يُؤْمِنُ ; آمِنْ ; مُؤْمِن ; إِيمَان

آتَى   to give | آتَى ;
يُؤْتِي ; آتِ ; مُؤْتِي ; إِيتَاء

آذَى   to give trouble;
to harm; to annoy |
آذَى ; يُؤْذِي ; آذِ ; مُؤْذِي ;
إِيذَاء

تَفَكَّرَ to think over; to reflect | تَفَكَّرَ ; يَتَفَكَّرُ ; تَفَكُّر ; مُتَفَكِّر ; تَفَكُّر

تَذَكَّرَ to receive admonition; to remember | تَذَكَّرَ ; يَتَذَكَّرُ ; تَذَكُّرْ ; مُتَذَكِّر ; تَذَكُّر

تَوَكَّل to put one's trust
مُتَوَكِّل ; تَوَكُّل ; يَتَوَكَّلُ ; تَوَكَّلَ |
تَوَكُّل ;

تَبَيَّنَ to become clear |
; مُتَبَيِّن ; تَبَيُّن ; يَتَبَيَّنُ ; تَبَيَّنَ ;
تَبَيُّن

تَرَبَّصَ to wait & watch for opportunity

; تَرَبَّصْ ; يَتَرَبَّصُ ; تَرَبَّصَ |
تَرَبُّصِ ; مُتَرَبِّص

تَوَلَّى to turn away; to take for friend | تَوَلَّى ;
تَوَلِّ ; مُتَوَلِّ ; تَوَلَّ ; يَتَوَلَّى

تَوَفَّى to make somebody die; to receive in full | تَوَفَّى ;
تَوَفِّ ; مُتَوَفِّ ; تَوَفَّ ; يَتَوَفَّى

تَبَارَكَ to be blessed or exalted | تَبَارَكَ ; يَتَبَارَكُ ; تَبَارَكْ ; مُتَبَارِك ; تَبَارَكَ

تَسَاءَلَ to ask each other | تَسَاءَلَ ; يَتَسَاءَلُ ; تَسَاءَلْ ; تَسَاؤُل ; مُتَسَائِل

اِخْتَلَف | to differ

;اِخْتَلِفْ ; يَخْتَلِفُ ; اِخْتَلَف

اِخْتِلَاف ; مُخْتَلِف

اِتَّبَعَ ; اِتَّبَعَ | to follow

اِتِّبَاع ; مُتَّبِع ; اِتَّبِعْ ; يَتَّبِعُ

اِتَّخَذَ to take; to adopt

مُتَّخِذ ; اِتَّخِذْ ; يَتَّخِذُ ; اِتَّخَذَ |

;اِتِّخَاذ

اِتَّقَى to be on guard; to protect | اِتَّقِ ; يَتَّقِي ; اِتَّقَى ; اِتِّقَاء ; مُتَّقٍ ;

اِفْتَرَى to fabricate a lie | مُفْتَرٍ ; اِفْتَرِ ; يَفْتَرِي ; اِفْتَرَى ; اِفْتِرَاء ;

اِهْتَدَى to find or to follow the right path |

اِهْتَدَى ; يَهْتَدِي ; اِهْتَدِ ;

مُهْتَدٍ ; اِهْتِدَاء

اِبْتَغَى to seek | اِبْتَغَى ;

يَبْتَغِي ; اِبْتَغِ ; مُبْتَغٍ ; اِبْتِغَاء

اِنْتَهَى to refrain; to end

| اِنْتَهَى ; يَنْتَهِي ; اِنْتَهِ ; مُنْتَهٍ ;

اِنْتِهَاء

اِنْقَلَبَ to turn around;
to return | اِنْقَلَبَ ;
مُنْقَلِب ; اِنْقَلِبْ ; يَنْقَلِبُ ;
اِنْقِلَاب

اِسْوَدَّ to become black
مُسْوَدّ ; اِسْوَدَّ ; يَسْوَدُّ ; اِسْوَدَّ |
اِسْوِدَاد ;

اِبْيَضَّ to become white

| اِبْيَضَّ ; يَبْيَضُّ ; اِبْيَضَّ ;
اِبْيِضَاض ; مُبْيَضٌّ

اِسْتَعْجَلَ to seek somebody or something to hasten |
اِسْتَعْجَلَ ; يَسْتَعْجِلُ ; اِسْتَعْجِلْ ;
اِسْتِعْجَال ; مُسْتَعْجِل ;

to ask forgiveness اِسْتَغْفَرَ | اِسْتَغْفَرَ ;اِسْتَغْفَرَ ;يَسْتَغْفِرُ ;اِسْتَغْفِرْ ;مُسْتَغْفِرٌ ;
اِسْتِغْفَار

to act arrogantly اِسْتَكْبَرَ | اِسْتَكْبَرَ ;اِسْتَكْبَرَ ;يَسْتَكْبِرُ ;اِسْتَكْبِرْ ;مُسْتَكْبِرٌ ;
اِسْتِكْبَار

اِسْتَهْزَأَ to mock at |

اِسْتَهْزَأَ ; يَسْتَهْزِئُ ; اِسْتَهْزِئْ ;

مُسْتَهْزِئ ; اِسْتِهْزَاء

اِسْتَجَابَ to accept; to

respond | اِسْتَجَابَ ;

يَسْتَجِيب ; اِسْتَجِبْ ;

مُسْتَجِيب ; اِسْتِجَابَة

اِسْتَطَاعَ | to be able to ; اِسْتَطِعْ ; يَسْتَطِيعُ ; اِسْتَطَاعَ اِسْتِطَاعَة ; مُسْتَطِيع

اِسْتَقَامَ | to be straight; to act straight ; اِسْتَقَامَ ; مُسْتَقِيمٌ ; اِسْتَقِمْ ; يَسْتَقِيمُ اِسْتِقَامَة

أَتَى ب أَتَى | brought = came

بَغَى عَلَى oppressed; was unjust | بَغَى = sought

تَابَ عَلَى accepted the repentence | تَابَ،تَابَ إِلَى = repented

جَاءَ بِ brought | جَاءَ = came, arrived

ذَهَبَ بِ took away | ذَهَبَ = went

ذَهَبَ عَنْ went away |

ذَهَبَ = went

رَضِيَ عَنْ pleased with |

رَضِيَ = was contented

ضَرَبَ فِي went forth;
strove | ضَرَبَ = struck

ضَرَبَ لِ mentioned |

ضَرَبَ = struck

ضَرَبَ عَلَى struck upon;

overshadowed | ضَرَبَ = struck

gave ضَرَبَ مَثَلًا

= ضَرَبَ | example

struck

عَفَا forgave | عَفَا عَنْ

= abound

= قَضَى | judged قَضَى بَيْنَ

decreed; fulfilled

قَضَى = killed | قَضَى عَلَى decreed; fulfilled

وَضَعَ removed | وَضَعَ عَنْ = put; laid down

وَلَّى turned to | وَلَّى إِلَى = turned; caused to turn

وَلَّى عَنْ turned away from | وَلَّى = turned; caused to turn

Bibliography:

1. 80% of Quranic Words (English to Arabic) by Dr.Abdul Aziz

2. Ankiweb deck